El deporte

Ilustrado por
Pierre-Marie Valat
Realizado por
Gallimard Jeunesse
y Pierre-Marie Valat
Traducción: Paz Barroso

sm saber/M U N D O   M A R A V I L L O S O

Algunos deportes
se practican en solitario.
El deportista quiere batir un récord:
de salto de altura o de longitud,
de velocidad o de fuerza.

Salto de longitud

Carrera

En una carrera contra reloj, el ciclista está solo.

En la prueba de descenso, se cronometra a cada esquiador por turno.

En los deportes de combate
se enfrentan dos personas.

Esgrima

Judo

También está presente el árbitro.

Boxeo

Ahora vas a ver dos regatas:
una de remo y otra de vela.

En esta barca,
dos reman
y uno gobierna.

Los equipos de baloncesto tienen cinco jugadores.

Tienen que encestar el balón en la canasta para marcar puntos.

El hockey sobre hielo se juega en equipos de seis jugadores.

Tienen que meter el disco en la portería del contrario.

El waterpolo y el balonmano son unos deportes muy rápidos en los que se enfrentan dos equipos de siete jugadores.

El balonmano se juega sobre una cancha de parqué.

Estos deportes se practican
en equipos de once jugadores.

En el cricket, cada equipo batea por turnos.

En el campo hay dos conjuntos de tres estacas
delante de los cuales se sitúan los bateadores.

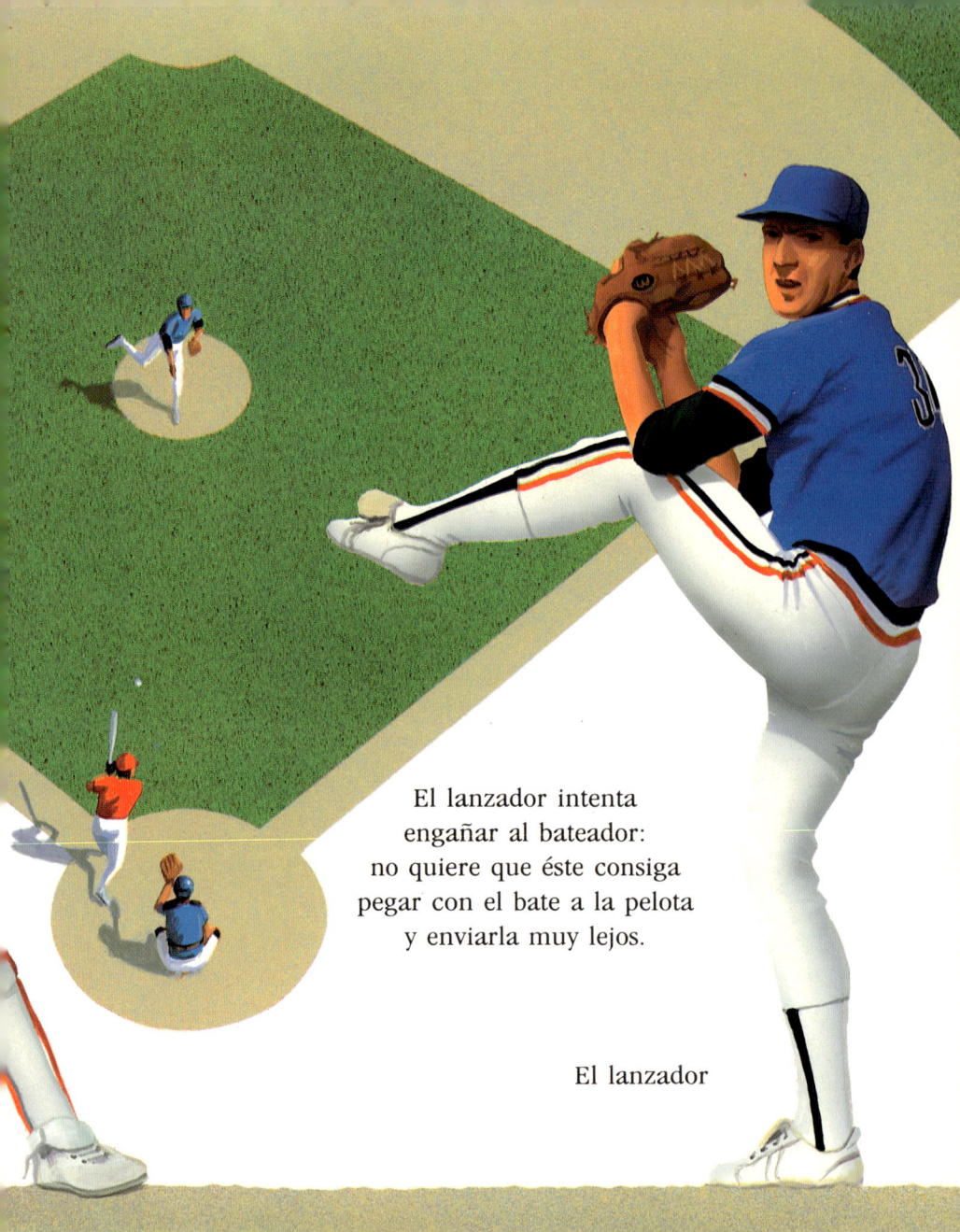

El lanzador intenta engañar al bateador: no quiere que éste consiga pegar con el bate a la pelota y enviarla muy lejos.

El lanzador

El partido de waterpolo tiene lugar en una piscina.

En el fútbol, el portero debe impedir
que el balón entre en su portería.

En el fútbol americano también hay once jugadores en cada equipo, pero se parece más al rugby que al fútbol.

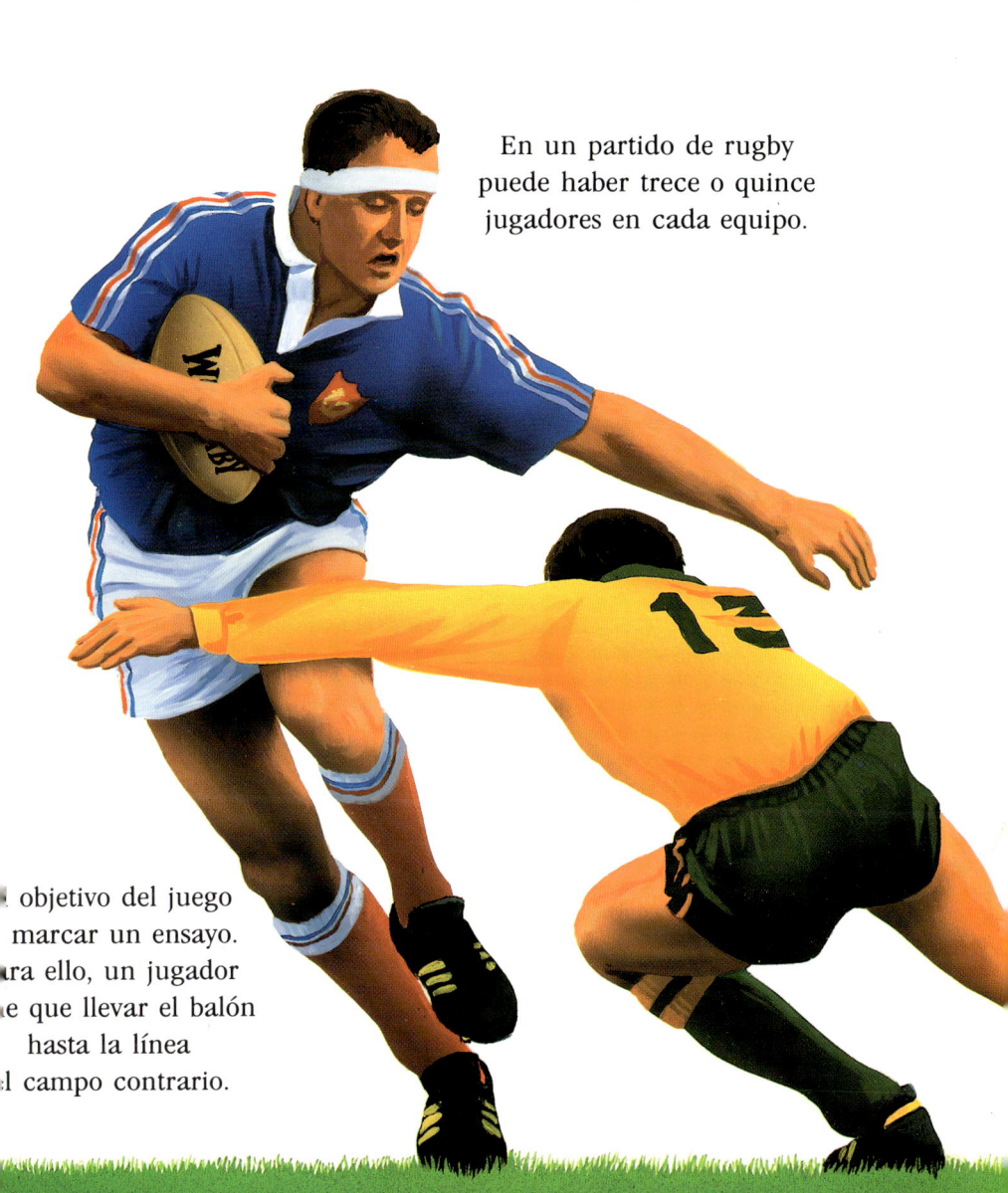

En un partido de rugby puede haber trece o quince jugadores en cada equipo.

objetivo del juego marcar un ensayo. ra ello, un jugador e que llevar el balón hasta la línea l campo contrario.

En las maratones de las grandes ciudades como Nueva York...

...participan personas de todas partes del mundo.

Títulos publicados:

1. La mariquita
2. El tiempo
3. El color
4. El coche
5. El huevo
6. Bajo la tierra
7. El castillo
8. La flor
9. El oso
10. El avión
11. El dinosaurio
12. El pájaro
13. El ratón
14. La casa
15. La granja
16. El barco
17. El río
18. La selva
19. La abeja
20. ¿Dónde está?
21. El árbol
22. La manzana
23. El bebé
24. La zanahoria
25. El águila
26. La tortuga
27. La vista
28. La ciudad
29. Contar
30. El agua
31. El gato
32. La pirámide
33. El deporte
34. La hora

Título original: *Le sport*
© Éditions Gallimard, 1994
© Ediciones SM, 1995
 Joaquín Turina, 39 - 28044 Madrid
Comercializa: CESMA, S.A. - Aguacate, 43 - 28044 Madrid
ISBN: 84-348-4486-9
Fotocomposición: Grafilia, S.L.
Impreso en Italia / *Printed in Italy*